BEI GRIN MACHT SICH IHR WISSEN BEZAHLT

- Wir veröffentlichen Ihre Hausarbeit, Bachelor- und Masterarbeit

- Ihr eigenes eBook und Buch - weltweit in allen wichtigen Shops

- Verdienen Sie an jedem Verkauf

Jetzt bei www.GRIN.com hochladen und kostenlos publizieren

Bibliografische Information der Deutschen Nationalbibliothek:

Die Deutsche Bibliothek verzeichnet diese Publikation in der Deutschen National-
bibliografie; detaillierte bibliografische Daten sind im Internet über http://dnb.d-
nb.de/ abrufbar.

Impressum:

Copyright © 2015 GRIN Verlag, Open Publishing GmbH
Druck und Bindung: Books on Demand GmbH, Norderstedt Germany
ISBN: 9783668253216

Dieses Buch bei GRIN:

http://www.grin.com/de/e-book/335424/wie-haben-sich-die-familienformen-
gewandelt

Enise Baysal

Wie haben sich die Familienformen gewandelt?

GRIN Verlag

GRIN - Your knowledge has value

Der GRIN Verlag publiziert seit 1998 wissenschaftliche Arbeiten von Studenten, Hochschullehrern und anderen Akademikern als eBook und gedrucktes Buch. Die Verlagswebsite www.grin.com ist die ideale Plattform zur Veröffentlichung von Hausarbeiten, Abschlussarbeiten, wissenschaftlichen Aufsätzen, Dissertationen und Fachbüchern.

Besuchen Sie uns im Internet:

http://www.grin.com/

http://www.facebook.com/grincom

http://www.twitter.com/grin_com

Fliedner Fachhochschule Düsseldorf

Studiengang: Bildung und Erziehung in der Kindheit

Seminar: Familiensoziologie

Sommersemester 2015

Der Wandel der Familie

Wie haben sich die Familienformen gewandelt?

Enise Baysal

Abgabetermin: 01.09.2015

Köln, den 10.07.2015

Inhaltsverzeichnis

1. Einleitung

„Familie" ist ein Begriff, von dem jeder von uns glaubt zu wissen, was es eigentlich Bedeutet. Fast niemandem ist Bewusst dass, fast jeder Mensch etwas anderes mit diesem Wort assoziiert. Und genau aus diesem Grund, möchte ich mit meiner Hausarbeit, einen Einblick in die weite Welt der Familie zeigen. Ich möchte nicht nur versuchen den Begriff „Familie" zu erklären, sondern all die Aspekte aufzeigen, die mit der Familie in Zusammenhang stehen. Ich werde versuchen zu zeigen wie Umfangreich und Spannend das Thema "Familie" eigentlich ist. Mein Hauptmerk, werde ich auf den Wandel der Familie beziehen, die auch gleichzeitig als Leitfrage dieser Hausarbeit dienen soll. Wie haben sich die Familienformen im Laufe der Jahre verändert? Vor allem werde ich mich um den Wandel ab 1950 widmen. Welcher Wandel fand statt? Sieht die heutige Familie genauso aus wie in der Vorindustriellen Zeit? All diese Fragen, werde ich versuchen mit dieser Hausarbeit zu beantworten. Beginnen möchte ich mich der Klärung des Begriffs „Familie". Was beinhaltet dieser Begriff eigentlich und wurde dieses Wort schon immer für seine, uns bekannte, heutige Bedeutung benutzt? Nach der Definition folgen dann im 2. Kapitel die verschiedenen Merkmale die zu einer Familie gehören. Ich werde in diesem Kapitel versuchen zu klären, welche unterschiedlichen Merkmale eine Familie aufweist. Als nächstes werde ich dann beschreiben welche Funktionen die Familie eigentlich hat und versuchen diese zu erläutern.

Im darauffolgenden Kapitel widme ich mich dann dem geschichtlichen Aspekt der Familie. Wie sah die Familie in der Vorindustriellen Zeit aus? Wie sah der Wandel des Ehe und Familiensystems aus? All diese Fragen werde ich versuchen im 3. Kapitel zu klären. Im 4. Kapitel widme ich mich dann dem Wandel der Familie. Wie haben sich die Familienformen, sowie die Lebensformen geändert? Hier werden wir also klären, wie sich die einzelnen Lebensformen, sei es die klassische Familienform oder die homosexuelle, im Laufe der Jahre verändert hat. Des Weiteren, werde ich hier ausführlicher auf Fakten der Geburtenraten, Ehescheidungen etc. eingehen. Im Fazit werde ich dann die Hausarbeit kurz zusammenfassen, um so einen Übersichtlichen Einblick in das Thema zu geben und wichtige Fragen noch einmal zu beantworten.

2. Überblick „Familie"

2.1 „Definition" „Familie"

Bevor sich das, aus dem französischen Wort „famille" abgeleitete Wort „Familie" um das 17/18 Jahrhundert im deutschen Sprachgebrauch und Sprachalltag etablierte, wurde der Begriff „Haus" als Vorgänger benutzt (vgl. Gestrich 2003, S. 4). Und obwohl sich der Begriff Familie etabliert hat, gibt es keine exakte bzw. einheitliche Bedeutung für diesen

Begriff. Verschiedene Umfragen z.B. stellen dar, was für unterschiedliche Vorstellungen Menschen haben, wenn sie im Alltag, das Wort „Familie" vernehmen. So sprechen manche Menschen nur dann von einer Familie, wenn ein Kind aus einer Ehe hervorkam, wiederum andere sehen Ehepaare als Familie an, selbst wenn diese keine Kinder haben. Und wieder andere sehen selbst ihre Haustiere als Familienmitglieder an. Ergebnisse solcher Umfragen können jedoch nicht als integral betrachtet werden, da man jegliche erlangten Antworten anders interpretieren kann. Doch nicht nur im alltäglichen Sprachgebrauch gibt es keine entsprechende „Begriffsbestimmung", auch im Wissenschaftlichen Sprachgebrauch existiert keine „Anerkannte Definition", dasselbe gilt auch für spezielle Gebiete, wie die der Psychologie, Soziologie etc. Die Antwort auf die Frage, wieso es keine einheitlich anerkannte Definition dieses Begriffes gibt, liegt an der Bevorzugung verschiedener Ansätze in der Wissenschaftstheorie. Verschafft man sich einen Überblick über die Begriffserklärung des Wortes Familie, so beschreiben die Verfasser bzw. Theoretiker den Begriff, je nach Favorisierung des wissenschaftstheoretischen Denkmusters, als Makroperspektive oder als

Mikroperspektive. Aus der Makroperspektive, wird die Familie als eine soziale Institution gesehen, die gegenüber der allgemeinen Gesellschaft Verpflichtungen hat (vgl. Nave-Herz 2013, S. 34f.). Aus der Mikroperspektive, hat die Familie eine bestimmte Struktur in ihrer Rolle als ein Teilsystem der Gesellschaft, sowie eine genaue Wechselwirkung der Beziehung zwischen den Familienmitgliedern (vgl. ebd.). Des Weiteren wird die Familie zu anderen Lebensformen abgegrenzt und weist drei Merkmale auf.

2.2 Merkmale der „Familie"

Die drei Merkmale der Familie sind wie folgt. Erstens die *Reproduktions- und Sozialisationsfunktion* (vgl. Huinink, Kanietzka 2007, S. 25), neben kulturell variablen anderen gesellschaftlichen Funktionen. Zweitens, die *Generationsdifferenzierung*, was Bedeutet, dass die Familienmitglieder mehreren Generationen angehören und als drittes das *Kooperations- und Solidaritätsverhältnis*, welches durch die Rollenverteilung innerhalb der Familie gekennzeichnet wird (vgl. Nave-Herz 2013, S. 36).

2.2.1 Reproduktions- und Sozialisationsfunktion

Widmen wir uns zunächst der *Reproduktions- und Sozialisationsfunktion*, so kann man dieser, eine soziale Doppelnatur zuschreiben. Auf der einen Seite sorgt die Familie aus biologischer Sicht für die Reproduktion auf der anderen Seite sorgt sie auf sozialer Sicht für die Integration der Kinder in die Gesellschaft (vgl. Ecarius et al. 2011, S. 14). Von der Reproduktions- und Sozialisationsfunktion wird auch dann gesprochen, wenn diese durch die Hilfe von Institutionen anderer Gruppen und Personen, die nicht der Familie angehören, erfüllt werden. Des Weiteren muss die Familie dafür Sorge tragen, dass die „Schutz- und Fürsorgefunktion" erfüllt wird (vgl. Nave-Herz 2013, S. 36), genauso wie die „Befriedigung emotional expressiver Bedürfnisse" (Nave-Herz 2013, S. 36).

2.2.2 Generationsdifferenzierung

Spricht man von der Generationsdifferenzierung, so kann sich diese sowohl auf die nuclear family beziehen, also auf die Kernfamilie (Eltern, Mutter-Vater-Kind), als auch auf Groß-Urgroßeltern, also auf Mehrgenerations-Familien. Jedoch muss bei diesen Familien kein gemeinsamer Haushalt vorhanden sein, das Zusammenleben stellt also keine Voraussetzung dar (vgl. Nave-Herz 2013, 37).

2.2.3 Kooperations- und Solidaritätsfunktion

Bei der Kooperations- und Solidaritätsfunktion zeigt sich eine Unikate Rollenstruktur in der Familie, dies Bedeutet dass jeder in der Familie eine bestimmte Rolle einnimmt. Z.B die Rolle als Vater, Mutter, Kind etc. (vgl. Ecarius et al. 2011, S. 14).

2.3 Familienformen

Des Weiteren gibt es verschiedene Familienformen, zwischen denen man in der Familiensoziologie unterscheidet. Diese unterscheiden sich hinsichtlich bestimmter Faktoren, entsprechen jedoch den zuvor erwähnten Kriterien einer Familie (vgl. Nave-Herz 2013, S. 39). Diese Familienformen sind wie folgt und werden nach dem *Familienbildungsprozess* kategorisiert. Um Beispiele zu nennen, gehören zu dieser Kategorie: Adoptionsfamilien, Fortsetzungsfamilien bzw. Stieffamilien etc. Des Weiteren kategorisiert man nach der *Zahl der Generationen*, hierzu gehören z.B. die nuclear family, also die Kernfamilie, die Mehrgenerationen-Familie und die extended family, also die erweiterte Familie. Des Weiteren geht man nach der *Rollenbesetzung in der Kernfamilie* aus, als Beispiel hierfür wäre die Zwei-Eltern-Familie, wozu auch nicht eheliche Gemeinschaften und homosexuelle Paare mit ihren Kindern zählen (vgl. Nave-Herz 2013, S. 39). Weiterhin zählen auch die Ein-Eltern-Familien und die Polygamen Familien dazu. Polygynie sind Ehemänner, die mehrere Ehefrauen und Kinder haben und Polyandrie sind Ehefrauen die mehrere Ehemänner und Kinder haben. Ein Weiterer Kategorisierpunkt ist der *Wohnsitz*. Als Beispiel hierfür wiederum gäbe es die neolokale Familie (Wohnsitz ist unabhängig von der Herkunftsfamilie), die patrilokale Familie (Familie Väterlicherseits bestimmt den Wohnsitz), matrilokale Familie (Familie mütterlicherseits bestimmt den

Wohnsitz) und die biolokale Familie, dies Bedeutet dass, die Familie zwei Wohnsitze besitzt. Ein letztes Kriterium wäre noch die *Erwerbstätigkeit* der Eltern, als Beispiel hierfür gäbe es die Familien bei denen der Vater erwerbstätig ist und die Frau sich um den Haushalt kümmert, oder auch andersrum, oder aber beide Elternteile sind erwerbstätig (vgl. Nave-Herz 2013, S. 39ff.).

2.4 Familienfunktion

In diesem Abschnitt werden, die heutzutage der Familie projizierten Funktionen erläutert. Insgesamt gibt es 5 Funktionen die der Familie zuschrieben werden. 1. Die Reproduktionsfunktion, 2. Die Sozialisationsfunktion, 3. Die Platzierungsfunktion, 4. Die Freizeitfunktion und als letzter und 4. Punkt, die Spannungsausgleichfunktion (vgl. Nave-Herz 2013, S. 79).

2.4.1. Die Reproduktionsfunktion

Spricht man von der Reproduktionsfunktion, so umfasst diese nicht nur einen biologischen Aspekt, sondern gleichzeitig auch einen Sozialen. Hier wäre es noch wichtig zu erwähnen, dass es sich hierbei um unseren Kulturkreis handelt. Die Reproduktionsfunktion, wurde vor allem bis in die 1970er Jahre der Ehe zugeteilt. Kam es in einer Ehre nicht zur Reproduktion auf biologischer Ebene, kam es aufgrund dessen zur Diskriminierung der Eheleute, dasselbe galt auch für uneheliche Kinder. Die Diskriminierung verfolgte den Gedankengang dass, Kinderlosigkeit etwas nicht Natürliches sei. Die Schuld für die Kinderlosigkeit, schrieb man jedoch vor allem den Frauen zu. Dies änderte sich nicht bis zur Wende des 20. Jahrhunderts, und es war nicht unüblich, dass man sich aus diesem Grund von Frauen scheiden ließ oder sie verstoß. Um sich der Kinderlosigkeit und der damit einhergehende Diskriminierung entziehen zu können, griff man sogar auf Magie zurück. So war es nicht unüblich, Zaubertränke zu mischen oder Wahlfahrten anzutreten um dem entgegenwirken zu können. Die eigene Entscheidung jedoch, kinderlos bleiben zu wollen, ist also ein relativ innovatives gesellschaftliches Mysterium, welches auf verschieden Gründe zurückzuführen ist. Mitunter spielt die Frauenbewegung eine große Rolle, sowie die Verbreitung der Antibabypille (vgl. Nave-Herz 2013, S.80-85).

Insgesamt lässt sich feststellen dass, die damalige Selbstverständlichkeit der Konnektivität zwischen Ehe und Kindern, nun an Selbstverständlichkeit verloren hat und auch die nicht Ehelichkeit wird nun gesellschaftlich akzeptiert.

Ein Weiterer Aspekt der Reproduktionsfunktion ist die soziale, die psychische wie auch die physische Regeneration der Familienmitglieder. Dies soll bedeuten, dass der Gesundheitszustand und die Leistungen der Familienmitglieder, unmittelbar mit den familiären Verhältnissen verbunden sind. Neben der Kernfamilie, bezieht sich die Reproduktionsfunktion auch auf Mehrgenerationsfamilien (vgl. Nave Herz 2013. S.85).

2.4.2 Die Sozialisationsfunktion

Genau wie es bei dem Begriff „Familie" der Fall ist, gibt es auch für das Wort Sozialisation keine einheitliche Definition, jedoch sind sich alle Verfasser über eines einig, und zwar dass es den *Prozess* eines Menschen beschreibt, der zum Mitglied der Gesellschaft wird. Dies ist ein aktiver Auseinandersetzungsprozess einer Person mit seinem Umfeld (vgl. Nave-Herz 2013, S. 88), denn „erst durch den Sozialisationsprozess wird aus einem „biologischen" Lebewesen eine bewusste soziale Persönlichkeit" (Nave-Herz 2013, S. 88, zit. n. Hill/Kopp 202:249). Nach der Erläuterung des Wortes „Sozialisation", wird dieses auf die frühe Kindheit bezogen und der Familie als gesellschaftliche Anforderung erteilt. Die Erfüllung dieser Anforderung wird von beiden Elternteilen erwartet, welche dieses in einem unterschiedlichen Zeitumfang übernehmen. Vor allem bis zum 3. Lebensjahr, ist die Beziehung zwischen Kind und Eltern überwiegend. Nach der überwiegenden Eltern-Kind-Zeit, verbringen die Kinder nun die überwiegende Zeit in institutionellen, schulischen Betreuungsinstitutionen (vgl. Nave-Herz 2013, S. 88). Nun wird die Sozialisationsfunktion zwischen der Familie und den Institutionen geteilt. Es lässt sich zusammenfassen, dass die schulischen Institutionen, das Kind, mit den für die spätere Berufslaufbahn nötigen Fähigkeiten versorgt und die familiäre Sozialisationsfunktion extra-funktionale „Fähigkeiten" liefert (vgl. Nave-Herz 2013, S. 91). Um die Sozialisationsfunktion auch nach einer möglichen Scheidung zu gewährleisten, wird seit 1988 beiden Elternteilen das Sorgerecht zugesprochen (vgl. Nave-Herz 2013, S. 89).

2.4.3 Die Platzierungsfunktion

Eine weitere Funktion, die der Familie zugesprochen wird, ist die Platzierungsfunktion. „Unter sozialer Platzierung versteht man den Zuweisungsprozess einer Person zu einer gesellschaftlichen Position innerhalb der hierarchischen Struktur der Gesellschaft" (Nave-Herz 2013, S. 92). Die Geschichte zeigt dass, früher Positionen innerhalb der Gesellschaft durch das angehören zu bestimmten Familien vererbt wurde. Die hierarchische Struktur wurde des Weiteren auch durch das äußere sichtbar, wie z.B. durch den Kleidungsstil. Heutzutage erfolgt das vererben von Positionen innerhalb der Gesellschaft, und dies durch die erbrachten Leistungen in der Schule, bzw. durch den erbrachten Bildungsabschluss (vgl. Nave-Herz 2013, S. 92f.).

2.4.4 Die Freizeitfunktion

Die Vierte Funktion die der Familie zugesprochen wird, ist die Freizeitfunktion, und obwohl wir diese heutzutage für das selbstverständlichste halten, scheint es für uns unvorstellbar dass, das gemeinsame Zeit verbringen, der Kernfamilie nicht immer zugesprochen wurde (vgl. Nave-Herz 2013, S. 96). Erst ab den 1950/1960er Jahren, etablierte sich das gemeinsame Zeit verbringen in den Kernfamilien (vgl. Nave-Herz 2013, S. 98). „ (...) nämlich als Reaktion auf die gesellschaftlichen Krisen- und Umbruchzeiten, die eine besondere Familienbezogenheit und –betonung ausgelöst hatten" (Nave-Herz 2013, S. 98).

2.4.5 Spannungsausgleichfunktion

Die letzte Funktion, die der Familie zugesprochen wird ist die Spannungsausgleichfunktion. Diese kann als „Schnittstelle" zwischen dem Bereich der Familie und dem Bereich der Erwerbsarbeit betrachtet werden (vgl. Nave-Herz 2013, S. 100)

3. Rückblick der Familienformen

3.1 Vorindustrielle Familienformen

Es ist allgemein bekannt, dass die Familie in der vorindustriellen Zeit eine „instrumentelle" Eigenschaft aufwies. Man gründete Familien, der Kinder Willen, um so seinen Familiennamen und je nach sozialem Status, auch Vermögen weitergeben zu können. Des Weiteren, um sich bei möglichen Krankheitsfällen und im Alter, die Versorgung der Familie sicherzustellen. Vorindustrielle Familien, gelten als Haushaltsfamilien, da der Hauptmerkpunkt im Haushalt lag (vgl. Nave-Herz 2013, S. 43). Der Unterschied der Haushaltsfamilie, zu den Familien heute ist, dass, die Familie in der Vorindustriellenzeit, keine Differenzierung zwischen Familie und „familienfremden" Mitgliedern des Hauses machte. Dies war insofern nicht möglich, da diese sich einen Haushalt teilten (vgl. Nave-Herz 2013, S. 43f.).

Geschichtliches Material zeigt dass, in fast allen Kulturkreisen, eine je nach Geschlecht aufgeteilten Arbeitsaufgaben gab. In unserem Kulturkreis, und vor allem in der vorindustriellen Zeit, gingen die Frauen vielschichtigen Tätigkeiten im Haushalt nach (vgl. Nave-Herz 2013, S. 43f.).

Doch auch Produktions- und Erwerbstätigkeiten gingen Frauen und dies unabhängig der Sozialen Schicht denen Sie angehörten nach. Jedoch sah diese je nach Schicht unterschiedlich aus bzw. umfasste einen unterschiedlichen Umfang (vgl. Nave-Herz 2013, S. 43f.).

„Insofern ist die in den letzten Jahrzenten gestiegene Erwerbstätigkeit von Müttern kein neuartiges Phänomen, sondern bedeutet nur, die Rückkehr von Frauen in früher innegehabte Positionen des Produktions- bzw. nunmehr verstärkt des Dienstleistungsbereiches" (Nave-Herz 2013, S. 44). Widmet man sich den Männern, der vorindustriellen Zeit, so beinhalteten die Aufgabenfelder, denen Sie nachgingen, nicht nur die des Landwirtschaftlichen oder Handwerklichen Bereichs, sondern auch die Hauswirtschaftlichen, wenn auch sehr gering. Ein Beispiel hierfür wäre z.b. das Holz hacken oder Reparaturen im Haus. Genauso wie Heute gab es auch damals, zwischen den einzelnen Familienmitgliedern spezielle und persönliche Beziehungen, voller Intimität, Nähe und Geborgenheit, jedoch waren diese nicht festgelegt, wie z.b. in unserer Zeit, zwischen Eltern und Kind oder zwischen Eheleuten. Für mehrere hundert Jahre, spielte die Liebe eine eher geringe Rolle bei Eheschließungen, und das obwohl dies ein Gebot aus der Bibel ist. Zu der Vorindustriellenzeit galten also andere Kriterien für das auswählen des Ehepartners als heute (vgl. Nave-Herz 2013, S. 44). Man achtete „auf Zuverlässigkeit, Nüchternheit und Achtung des Partners" (Nave-Herz 2013, S. 44). Durch die Kriege, Krankheiten, Hungersnöte und die dadurch erhöhte Sterberate, war in der vorindustriellen Zeit, wie fälschlicherweise angenommen, eine Mehrgenerationenfamilie nicht weit verbreitet. Dadurch lässt sich erschließen dass, die 4-Generationenfamilie noch seltener vertreten war als die 3-Generationenfamilie. Aufgrund schlechter ökonomischer Zustände und Gesundheit, waren des Weiteren viele Menschen nicht in der Lage eine Familie zu gründen. Ein weiterer Faktor war die hohe Sterblichkeitsrate bei Frauen, aufgrund von Schwangerschaften, Wochenbettfieber, und Geburten. Die seltenen 3-Generationenfamilien kamen meist in Haushaltsfamilien mit Produktionsfunktionen vor, hier war der Betrieb rege und groß genug (vgl. Nave-Herz 2014, S. 5f.). In unserer Kultur gab es zu allen Zeiten mehrere Familienformen. Unterscheidungen zwischen den Familienformen waren z.B. die Anzahl der Personen im Haushalt, die Aufteilungen der Rollen sowie in den Beziehungen zu der Außenwelt. Des Weiteren unterscheidet man zwischen den Haushaltsfamilien mit der sogenannten Produktionsfunktion und den Haushaltsfamilien ohne (vgl. Nave-Herz 2014, S.3).

Unter Produktionsfunktion versteht man dass, der Haushalt und der Betrieb miteinander in Verbindung stehen.

Oft war der weitverbreitete Gedanke dass, in der Vorindustriellen Zeit nur Familien mit der Produktionsfunktion vorhanden waren. Wie eben erwähnt ist bei den Familien mit Produktionsfunktion das Besondere dass, Haushalt und Betrieb in Verbindung standen (vgl. Nave-Herz 2014, S. 3). Die Mehrheit dieser Familienformen bestand aus

Familienmitgliedern, jedoch war es auch üblich, dass familienfremde Personen mit im Haushalt lebten, um beim Betrieb mitzuhelfen, und die Möglichkeit bestand dass, diese im Haushalt mit leben konnten, jedoch bedeutete dies, dass sie finanziell dazu in der Lage sein mussten (vgl. Nave-Herz 2013, S. 38).

Der Haushalt in dem Arbeitskräfte mitlebten, bezeichnet man als große Haushaltsfamilie mit Produktionsfunktion. Die Anzahl der Mitglieder des Hauses konnte bis zu 15 Personen umfassen. Hier ist zu erwähnen dass, die Anzahl bzw. Größe je nach Umfang der Produktionsfunktion variierte. Dennoch stellte diese Familienform eine Minderheit dar. Bei beiden Familienformen steht im Mittelpunkt der Betrieb und teilweise wurde von den darauffolgenden Generationen die Übernahme des Betriebs bzw. eine charakteristische Ausbildung erwartet. Widmet man sich nun den Haushaltfamilien ohne Produktionsfunktion, so gab es auch bei dieser Form eine Variabilität in Bezug auf den sozialen Status, der ökonomischen Lage sowie der Rollenverteilung (vgl. Nave-Herz 2014, S.4). Bei dieser Form handelte es sich überwiegen um Kernfamilien (vgl. Nave-Herz 2013, S. 38). Die Haushaltfamilien ohne Produktionsfunktion besaßen keinen Eigentum und ihnen wurde aufgrund ihres sozialen Status weniger Rechte zugesprochen (vgl. Nave-Herz 2013, S. 50f.). Bei diesem Familientypus arbeiteten die Mitglieder der Familie außerhalb des Hauses, was zeigt, dass das Arbeiten außerhalb des eigenen Hauses kein neues Phänomen ist sondern ein altes Erscheinungsbild. Genauso wie bei der Haushaltsfamilie mit Produktionsfunktion gab es auch hier enorme Ungleichheiten im sozialen Bereich, genauso wie bei der Zusammensetzung der Rollen, die ökonomische Lage etc.

Häuser-, Inwohner, sowie Tagelohnfamilien fand man z.B. auf dem Land. Mit mindestens 10 Jahren mussten diese Ihre Kinder aus finanzieller Bedrängnis aus dem Haus geben, damit diese Arbeiten wie z.B. als Hirten, Dienstboden etc. nachgingen. In den Städten hingegen, ging man z.B. Arbeiten als Türsteher, Nachtwächter etc. nach. Welches zur Schicht der unteren Bediensteten zählte. Auch Mütter bzw. Frauen arbeiteten außerhalb ihres Hauses, so verdienten sie sich etwas als, z.B. sogenannte Waschfrauen oder Nähfrauen. Auch wurden sie als Hilfen in den Küchen für z.B. Hochzeiten und ähnliche Feierlichkeiten eingestellt. Überwiegen wurden die getätigten Arbeiten mit Naturalien bezahlt (vgl. Nave-Herz 2013, S. 51). Widmet man sich nun der Zusammensetzung der Mitglieder der Familie, so gab es in der damaligen Zeit eine größere Diversität als heute. „Neben Stief-. Adoptions-, Pflege-, Patchwork- und Einelternfamilien, gab es die Familienform von Großeltern bzw. einem Großelternteil und Enkeln sowieso Geschwisterfamilien ohne Eltern" (Nave-Herz 2014, S. 5). Weltweit nimmt man an, dass die Zwei-Eltern-Familie, damals öfter und mehr verbreitet war als heutzutage. Jedoch ist genau das Gegenteil der Fall. Dies lag an der geringen Lebenserwartung, die damals aufgrund von Seuchen, Kriegen, Hungersnöten etc. gegeben hat. Durch die enge

Verbundenheit von Familie und Beruf, suchten sich Witwen bzw. Witwer aufgrund dessen Neue Partner aus (vgl. Nave-Herz 2013, S. 51f.)

3.2 Wandel des Ehe- und Familiensystems

Statistiken zeigen dass, seit der Mitte der 1960er bzw. der 1970er Jahre, erhebliche Veränderungen im Familiären Bereich stattfinden. Diese Veränderungen können in allen Industriestaaten verfolgt werden. Diese statistischen Fakten zeigen auch, dass das Modell der Familie in einer „Kriese" steckt und an Attraktivität verliert. Aufgrund dessen wird sie als marktwirtschaftlicher Begriff, als Auslaufmodell bezeichnet. Tatsächlich ist festzustellen dass, seit den 1960er Jahren, die Eheschließungen konstant gesunken sind und die nichtehelichen Lebensgemeinschaften seit 1970er stark angestiegen sind. Da sowohl Eheschließung zurückgeht und die nicht eheliche Lebensgemeinschaft gleichzeitig ansteigt, wird letztes von manchen Autoren als das Äquivalent der zurückgehenden Ehe angesehen. Auch ist das Heiratsalter sowohl bei Frauen als auch bei Männern angestiegen. Bei den Frauen beträgt das Durchschnittsalter 29 Jahre und bei den Männern bei 32 Jahren (vgl. Nave-Herz 2013, S. 64ff.). Auch die Geburtenrate ist seit den 1970ern konstant zurückgegangen. Des Weiteren ist seit 1970 die Ehescheiderate ebenfalls angestiegen, genauso wie die Anzahl der Kinder die nur bei einem Elternteil aufwachsen (vgl. ebd.). Widmet man sich den Ursachen für den Wandel der letzten Jahre, so sind diese vielseitig. So sehen viele Autoren diesen Wandel als Anzeichen für eine ansteigende „De-Institutionalisierung" der Familie, dass, also die Ehe und Familie an Attraktivität verloren hat. Andere Autoren wiederum, sehen dies nicht als Verlust an, sondern als eine neu gewonnene Freiheit, in der man aussuchen kann, welche Form des Zusammenlebens man bevorzugt. Schaut man diesen Wandel genauer an, so ergibt sich diese Freiheit auch durch das Absicherungssystem des Staates und dem verbesserten Bildungsniveau, welches insbesondere für Frauen gilt (vgl. Nave-Herz 2013, S. 64ff.). Widmet man sich den nichtehelichen Lebensgemeinschaften näher, so kann man feststellen dass, 6.2% dieser Lebensgemeinschaften Kinder hervorbringen. Des Weiteren waren sie in der Vorindustriellenzeit weitaus verbreiteter als heute. Jedoch muss hier noch gesagt werden, dass diese auf die Armutsschicht zutraf (vgl. Nave-herz 2013, S.68).

Ab dem 19 Jahrhundert ging der Anteil dieser Lebensgemeinschaften jedoch zurück, um nach dem 2. Weltkrieg wieder zu steigen. Interessant ist zu erwähnen dass, die uns heute als „Patchwork Familie" bekannte Familie, keine neue Form der Familiengemeinschaft darstellt. In der Vorindustriellenzeit, war sie sogar durchaus üblicher als sie heutzutage ist. Dies ist auf die höhere Sterberate zurückzuführen, die damals herrschte. Somit ist nur die Bezeichnung „Patchwork Familie" neu (vgl. Nave-herz 2013, S. 68). Bei dieser Art der Familie, handelte und handelt es sich heute noch, um die Wiederverheiratung von Müttern und Vätern, die Kinder aus der früheren Partnerschaft oder aber Ehe mitbrachte. Der Grund weshalb diese Familienform früher häufiger auftrat ist dass, eine Wiederverheiratung aus betrieblicher Sicht notwendig war (vgl. Nave-herz 2013, S. 68).

Auf die Frage ob es Veränderungen in der subjektiven Bedeutung von Ehe und Familie gibt, wird im Folgenden geantwortet. So geben Befragte an dass, das Konzept der Ehe und Familie für die meisten Menschen die ideale Lebensform darstellt. Das wiederlegt die erbrachten Thesen vom Verlust der Bedeutung von Ehe und Familie für die Gesellschaft. Selbst Befragte, die sich zurzeit in anderen Lebensformen bewegen, geben an dass, sie die jetzige Lebensform nicht bewusst als Alternative zur Ehe und Familie gewählt haben, vielmehr bevorzugen sie nach wie vor die Zwei-Eltern-Familie. Auch die uns Bekannte zunehmende Kinderlosigkeit deutet nicht auf den Bedeutungsverlust der Ehe und der Familie hin, vielmehr wird der Wunsch nach Kindern aufgrund von Vereinbarungsproblemen zwischen Beruf und Familie verschoben. Des Weiteren verweisen empirische Untersuchungen darauf dass, Kinderlose Ehepaare einen Wunsch nach einem gemeinsamen Kind haben. Es lässt sich also zusammenfassen, dass

der Kinderwunsch seinen Stellenwert nicht verloren hat. Man kann zusammenfassend sagen, dass obwohl es einen Anstieg anderer Lebensformen gab, die Familienform der Zwei-Eltern-Familie, quantitativ die dominantere geblieben ist, allerdings ist ihr Anteil, bei allen Lebensformen gefallen. Auch der Kinderwunsch bleibt nach wie vor bestehen, obwohl er vorerst verschoben wird (vgl. Nave-Herz 2013, S.72-76).

4. Familien- und Lebensformen im Wandel

4.1 Der Wandel familialer Lebensformen

In den vergangenen Jahren unterlag die Familie in Deutschland einem enormen Wandel. Man äußert sich seit den 1980er Jahren über diesen Wandel sogar als die Krise der Familie. Als wesentlichen Punkt für diesen Wandel, ist die sogenannte „Pluralisierung von Lebensformen" zu benennen. Möchte man den Wandel der Familie und dessen Lebensformen nachvollziehen, so kann man diese mit Hilfe von Statistiken, u.a. durch die Entwicklungen verschiedener Bereiche, wie die der Eheschließung, Alter der Heirat, Scheidungsraten etc. nachvollziehen (vgl. Moritz, Schmidt 2009, S. 37f.).

Im Folgenden werden wir uns diesen Themen kurz widmen. Schaut man sich die Entwicklung des Heiratsalters und die der Eheschließungen an, so sieht man eine absteigende Anzahl der Eheschließungen sowieso eine gleichzeitige Steigerung des Heiratsalters. Statistische Daten zeigen uns, dass, sich die Anzahl der Eheschließungen von 1950-2006 um fast die Hälfte zurückging. Schaut man sich das gestiegene Heiratsalter an, so kann man sehen dass, sie bis zu den Anfängen der 1980er zurückgehend war, ab dann jedoch stetig gestiegen ist und im Jahre 2006, das Heiratsalter bei Frauen bei 29,6 Jahren und bei Männern bei 32,6 Jahren lag (vgl. Moritz, Schmidt 2009, S. 37f.).

4.1.1 Ehescheidung

Wenn es um Ehescheidungen geht, so hat vor allem die USA eine lange Tradition in der Scheidungsforschung. Diese geht bis in die 1970er Jahre zurück. Die Scheidungsforschung in Deutschland jedoch entwickelte sich eher langwierig. Dies ist vor allem Interessant, da schon zwischen 1960 und Mitte 1970 sich die Ehescheidungen verdreifacht hatten. Abgesehen von dem Rückgang der Ehescheidungen Mitte der 1970er Jahre und dies aufgrund einer neuen Regelung im Scheidungsrecht, kann man erkennen dass, die Steigungsquote bis Ende der 1990er definitiv gestiegen ist. Widmet man sich den Ursachen der Ehescheidungen, so sind diese vielfältig. Beispiele hierfür wären z.B. das Alter in dem geheiratet wurde, der Altersunterschied zwischen den Ehepartnern oder die Religionsangehörigkeit. Studien aus den 1960er Jahren zeigen, dass das Heiratsalter eine große Rolle bei eventuellen Ehescheidungen spielt. So zeigt sich, dass bei Früheiraten, also bei Ehen bei dem der Partner jünger als 21 Jahre alt war, als es zur Heirat kam, einem viel höheren Scheidungsrisiko ausgesetzt sind, als Partner die in einem späteren Alter geheiratet haben. Diese Erkenntnis wurde im späteren, durch diverse durchgeführte Studien und Untersuchungen bestätigt. Auch die Ehedauer gilt als Scheidungsrisiko. So ist deutlich zu erkennen, dass das Risiko einer Scheidung in späteren Ehejahren höher ist. Im Gegensatz zu den 1970ern, wo die Scheidungen mehrheitlich zwischen dem 2. Und 4. Ehejahr durchgeführt wurden, erfolgten in den 1980er Jahren die Mehrheit der Scheidungen zwischen dem 4. Und 6. Ehejahr. Parallel dazu, war zu erkennen dass, in den 1980ern ein enormer Anstieg der Scheidungen, bei denen die Partner zwischen 20-25 Jahren waren, zu sehen war. Meistens handelte es sich hierbei um Ehen, bei denen die Ehepartner in Traditionelle Rollenmuster gerutscht sind und die Beziehung neu gestaltet werden muss (vgl. Moritz, Schmidt 2009, S. 48f.). Auch die Stabilität der Ehe der eigenen Eltern spielt eine große Rolle bei Scheidungen. So ist es empirisch erwiesen worden dass, das Scheidungsrisiko zunimmt, wenn es schon eine Scheidung bei den Eltern gegeben hat. Des Weiteren spielen die einzelnen Charaktereigenschaften und Merkmale der Ehepartner eine bedeutende Rolle beim Scheidungsrisiko. Vor allem spielt hierbei die Angehörigkeit der Religion einen wichtigen Faktor bei der Beeinflussung des Scheidungsrisikos (vgl. Hill, Kopp 2013, S. 245f.). Interessant ist zu erwähnen dass, bei katholischer Konfessionsangehörigkeit diese „einen Scheidungsmindernden Effekt hat" (Hill, Kopp 2013, S. 246). Gehören beide Ehepartner unterschiedlichen Religionen an, so lässt sich beobachten dass, das Scheidungsrisiko erheblich höher ist (vgl. Hill, Kopp 2013, S. 246). Einer der Hauptgründe für Scheidungen, liegt aus Familienökonomischer Sicht daran dass, die Ehepartner zu wenig Informationen übereinander besitzen und im Verlauf der Ehejahre Eigenschaften und Informationen des Gegenübers erkannt werden, die die gemeinsame Ehe auf negative Art und Weise beeinflusst (vgl. Hill, Kopp 2013, S. 247).

Dies schließt darauf dass, durch nicht eheliche Lebensgemeinschaften, dies verhindert wird und die Scheidungsrate sich verringert. Ein Weiterer Aspekt der nicht ehelichen Lebensgemeinschaften wäre dass, bei dieser Art der Lebensform, selbst die Trennung nicht in die Scheidungsrate aufgenommen wird (vgl. ebd.). Es lässt sich Zusammenfassen dass, sowohl bei Männern, als auch bei Frauen, die Scheidungsrate enorm zugenommen hat. Jedoch führt dies nicht zu der Annahme dass, die Ehe an sich an Bedeutung verloren hat. Dies lässt sich mit der Annahme begründen dass, nach einer Scheidung eine neue Ehe erfolgen kann (vgl. Huinink, Konietzka 2007, S. 80).

4.1.2 Geburtenrate

Auch die Familiengründung mit Kind stellt ein Kriterium im Wandel der Familie dar. Heutzutage kommt es in den EU Ländern zum Aufschub der Familiengründung. Nur in Ländern wie Estland, Litauen, Bulgarien wie auch Rumänien liegt die Geburtenrate bei Frauen unter 24 Jahren. Mitunter können hierfür 3 Wesentliche Gründe genannt werden. Zum einen gab die angestiegene Bildungsexpansion, Frauen, höhere Bildungschancen, die dazu führten dass, die Familiengründung enorm zurückging. Zum anderen führte eine „Verlängerung der Jugendphase" (vgl. Ecarius et al. 2011, S. 30.) „die sich durch ein mehrjähriges Moratorium ohne familiale Verantwortung auszeichnet" (Ecarius et. al. 2011, S. 30), dazu dass, es zur Verschiebung der Familiengründung kommt und als letzten Punkt, spielen ansteigende Wohnkosten sowie enorme Arbeitslosigkeit bei Jugendlichen einen großen Faktor, da diese eine Familienplanung erheblich erschweren (vgl. ebd.). Schaut man sich die Geburtenrate genauer an, so ist zuerkennen dass, seit der Mitte der 1960er Jahre eine Abnahme sichtbar ist. Jedoch ist dies nicht nur für Deutschland gültig, vielmehr ist dieser Geburtenrückgang für ganz Europa erkennbar, und dies seit dem 2. Weltkrieg. Sehen wir uns die Statistiken genau an, so zeigen diese dass, z.B. in Deutschland im Jahre 1960 noch 2,4 Kinder pro Frau und Jahr aufgelistet wurde. Ab dem Jahre 1985 sank diese Zahl auf nur 1.3 Kinder pro Frau und Jahr (vgl. Schmidt, Moritz 2009, S. 54).

4.1.3 Alleinerziehende

Bei der Bezeichnung alleinerziehend oder Ein-Eltern-Familie, handelt es sich um einen Elternteil, der über die Verantwortung der Erziehung für ein Kind verfügt, mit dem es zusammen in einem Haushalt lebt. Hier ist zu unterscheiden, zwischen Mutter-Familien und Vater-Familien. Statistiken zeigen, dass die Quote der Ein-Eltern Familie in der BRD in den letzten Jahren auf 19% gestiegen ist, jedoch ist zu berücksichtigen dass, die Quote nach dem 2. Weltkrieg erheblich höher war, vor allem dadurch dass, viele Väter aufgrund des Krieges in Gefangenschaft waren. Widmet man sich den Zahlen zwischen den Mutter-Familien und Vater-Familien, so sind die Mutter-Familien überwiegender Vorhanden. Der Anteil der Vater-Familien beträgt lediglich 10%. Dieser Anteil ist in den vergangenen Jahren, sogar weiter zurückgegangen. Konzentriert man sich auf die Gründe, weshalb Ein-Eltern-Familien entstehen, so gibt es hierfür verschiedene Gründe. Prozentual gesehen entstehen 42% der Ein-Eltern-Familien durch Scheidungen, 17% durch Trennung und lediglich 5% durch das Verlieren eines Elternteils, also durch Verwitwung (vgl. Nave-Herz 2012, S. 95f.). In den vergangenen Jahren hat sich auch die Zusammenstellung der Ein-Eltern-Famillien geändert. So ist zu beachten dass, von Anfang der 1980er Jahre bis zur Mitte der 1990er Jahre, der Anteil lediger Alleinerziehender von 14% auf 31% gestiegen ist. Die Quote der getrennt lebenden der bei 16% lag und die der geschiedenen bei 45% bzw. 43% lag, veränderte sich fast gar nicht. Als Kontrast zu dieser Stabilität ging der Anteil der Verwitweten jedoch von 26% auf 10% zurück (vgl. Schmidt, Moritz 2009, S. 65). Die Gruppe der ledigen Alleinerziehenden gibt Hinweise darauf dass, diese in zunehmend jüngeren Altersgruppen zu finden sind. Im Vergleich der enormen Zunahme der Ein-Eltern-Familien, ist der Anteil der Kinder gestiegen, die nur mit einem Elternteil aufwachsen (vgl. Moritz, Schmidt 2009, S. 65f.) Beschäftigt man sich mit der Erwerbstätigkeit bei Alleinerziehenden, so kann man feststellen dass, Alleinerziehende Väter, häufig besser mit der Situation klar kommen als Mütter. Meist suchen sie nach zusätzlicher Unterstützung für die Betreuung des Kindes, und dies für mehrere Stunden am Tag. Solch ein Ergebnis, lässt sich bei Alleinerziehenden Frauen nicht betrachten. Dies wiederum führt dazu dass, alleinerziehende Männer kompetenter beim Pflegen von sozialen Kontakten sind als Frauen (vgl. Moritz, Schmitz 2009, S. 66ff.).

Zusammenfassend lässt sich äußern, dass die Lebensform der Ein-Eltern-Familie durch hohe Belastbarkeit gekennzeichnet werden kann. Ein Weiterer Interessanter Punkt ist dass, alleinerziehende jedoch offen für neue Partnerschaften sind (vgl. Moritz, Schmitz 2009, S. 66ff.).

4.1.4 Nichteheliche Lebensgemeinschaften

Die allgemeine Vermutung das nichteheliche Lebensgemeinschaften, ein neues Phänomen sei, ist falsch, denn, durch den Staat und durch die Kirche legitimierte Ehen begannen erst im 11. Jahrhundert an Bedeutsamkeit zu gewinnen und ersetzten die damals herrschenden „Mundehen" die durch Absprache unter den damals existierenden Sippen legitimiert wurden (vgl. Moritz, Schmidt 2009, S. 59.). „Zu den nichtehelichen Lebensgemeinschaften [...] zählen alle Befragten, die in ihrer subjektiven Sichtweise mit einem [...] Partner zusammenleben, ohne mit ihm verheiratet zu sein und unabhängig davon, ob sie ständig in einem Haushalt zusammenleben" (Moritz, Schmidt 2009, S.61, zit. n. Bundesministerium für Jugend, Familie und Gesundheit 1985:9f). Nichteheliche Lebensgemeinschaften wurden in der Familiensoziologie erst in den 1980ern zu einem wichtigen Thema. Sie wurden oft als Anzeichen für den Bedeutungsverlust der Ehe betrachtet, da vor allem der Aspekt des „freiwilligen" Charakters dieser Lebensform eine große Rolle spielte. Geht man weiter auf die Verbreitung nichtehelicher Lebensgemeinschaften ein, so ist in Deutschland ein starker Anstieg erkennbar (vgl. Moritz, Schmidt 2009, S. 61) „Nach Schätzungen aus Ergebnissen des Mikrozensus hat sich zwischen 1972 und 1995 im früheren Bundesgebiet die Zahl dieser Lebensgemeinschaften von etwa 137000 auf 1.3 Millionen Paare verzehnfacht" (Maihofer, Böhnisch, Wolf 2001, S. 48). Ein Weiterer Anstieg zeigt dass, im Jahre 2006 die Anzahl der Nichtehelichen Lebensgemeinschaften auf mehr als zwei Millionen angestiegen ist. Widmet man sich dem Alter der Personen die in einer Nichtehelichen Lebensgemeinschaft leben, so befindet sich auch dieser Faktor im Wandel. Hierfür gibt es mehrere Gründe. Zum einen gibt es den Punkt mit dem späteren Heiratsalter der zur Steigerung der Nichtehelichen Lebensgemeinschaft führt, jedoch ist auch ein Anstieg der Personen höheren Alters zu sehen, die in einer Nichtehelichen Lebensgemeinschaft leben. Grund hierfür wäre z.B. die höheren Scheidungsquoten. Und auch wenn die nichteheliche Lebensgemeinschaft als Gegenorganisation zu der Ehe und als Bedeutungsverlust der Ehe angesehen wurde, zeigt die Studie des Bundesministeriums für Jugend, Familie und Gesundheit, dass, 71% der Personen die in einer solchen Lebensform agieren, diese als Vorbereitung bzw. als Probe für eine mögliche Ehe sehen (vgl. Moritz, Schmidt 2009, S. 62f.).

Des Weiteren ergeben weitere Studien dass, man diese Art der Lebensform nicht als Bedrohung bzw. Gefährdung der Familiengründung darstellt. Jedoch zeigen neuere Daten dass, Nichteheliche Lebensgemeinschaften einen hohen Anteil an Lebensgemeinschaften ausmachen, Es muss sich hierbei jedoch nicht um eine Gemeinschaft mit Kindern handeln (vgl. Moritz, Schmidt 2009, S. 62f.). Zusammenfassend lässt sich sagen dass, „Einerseits [...] die Grenzen zwischen Ehe und nichtehelicher Lebensgemeinschaft immer fließender, andererseits haben nichteheliche Lebensgemeinschaften oftmals den

Charakter einer eigenständigen Lebensform, die sich in der subjektiven Sinngebung gezielt von der Institution Ehe unterscheiden soll." (Moritz, Schmidt 2009, S.64, zit. n. Schneider 1994:136f.).

4.1.5 Die homosexuelle Partnerschaft

„Als homosexuelle werden Personen bezeichnet, die sich als homosexuell Empfindende identifizieren, das gleiche Geschlecht begehren und gleichgeschlechtlichen Sex praktizieren" (Peuckert 2008, S. 293). Schauen wir uns alle Familienformen an, so handelt es sich bei diesen um keine neuen Phänomene des Zusammenlebens, jedoch ist das Zusammenleben von gleichgeschlechtlichen Partnern, eine neue Lebensform (vgl. Nave-Herz 2012, S. 113f.). Widmet man sich nun der gestiegenen Pluralisierung der Lebensformen, so sind die gleichgeschlechtlichen Partnerschaften (rechtlich eingetragene Lebensgemeinschaften) genauso Ausdruck für den „Ausdifferenzierungsprozess" wie andere Lebensformen. In vielen Ländern in Europa, können sich homosexuelle Partner in ein sogenanntes Partnerschaftsregister eintragen lassen, die dann dazu führt dass, man Eheähnliche Ansprüche erhält, wie bei Ehepaaren. Beispiele für diese Ansprüche wären z.B. Unterhalt, Mietrecht, Erbrecht etc. Diese Möglichkeiten gibt es in Deutschland erst seit dem Jahre 2001 (vgl. Nave-Herz 2013, S. 112). „Erst durch eine Änderung des Strafgesetzbuches wurde es überhaupt gleichgeschlechtlichen Partnern möglich „in einer öffentlich bekundeten sexuellen affektiv emotionalen Beziehung" zusammenleben zu können" (Nave-Herz 2013, S. 112). Durch die erwähnte neue Gesetzeslage, konnte man sich nun frei und öffentlich für diese Lebensform entscheiden. Des Weiteren ist zu benennen dass, die homosexuelle Partnerschaft zu „paarzentrierten Gesellschaft" angehört und somit im Trend des Modernisierungsprozesses liegt. Widmet man sich der Verbreitung der Homosexualität, so ist dies aufgrund von zwei Aspekten ungenau. Zum einen besteht immer noch der Aspekt der Verheimlichung oder des noch nicht sicher seins der sexuellen Neigung, zum anderen gibt es den Aspekt der nicht einheitlichen Definition des Begriffes „Homosexualität". So werfen sich Fragen auf, ob z.B. Schwule und Lesben, die sich in einer noch existierenden Ehe befinden, in die Statistik miteinbezogen werden. Trotz dieser Ungenauigkeiten werden in Deutschland folgende Angaben gemacht (vgl. Nave-Herz 2013, S. 113). 56.000 Paare bekannten sich offiziell, im Jahre 2004, als gleichgeschlechtliche Lebensgemeinschaften. Aus Schätzungen geht hervor dass, es insgesamt 160.000 gleichgeschlechtliche Partnerschaften gibt, von denen 54% männlich und 46% weiblich sind (vgl. Ecarius et al. 2011, S. 28f.). Die historischen Forschungen zeigen uns, dass, Homosexualität Jahrhundertelang als was Unnatürliches galt und diese Einstellung erst durch die christliche Kirche und dann von der Öffentlichkeit bis ins 20. Jahrhundert etabliert blieb. Erst die Strafrechtsänderung verbesserte die

Situation der Homosexuellen, jedoch nicht die öffentliche Meinung über sie. Dies änderte sich erst mithilfe von Studentenbewegungen und Schwulengruppen in den 1970er Jahren, welche verlangten so offen sein zu können, wie sie sind (vgl. Nave-Herz 2013, S. 113f.). Weiterhin wurden weitreichende quantitative Korrelationsanalysen durchgeführt, die sich mit homosexuellen, zusammenlebenden Partnerschaften beschäftigten. Diese Analysen zeigen dass, mehr Männer in einer homosexuellen Beziehung zusammenleben als Frauen. Schaut man sich das Durchschnittsalter an, so sind männliche Partner, Ende der dreißiger Jahre, die Frauen sind im Durchschnitt ein Jahr älter. Diese Art der Lebensgemeinschaft ist also keine Lebensform des Jugendalters oder Jungen Erwachsenenalters. Widmet man sich dem Aspekt des Kinderkriegens, so bleiben homosexuelle Partnerschaften meistens kinderlos. Falls Kinder vorhanden sind, so stammen diese meistens aus früheren Ehen. Bestehende homosexuelle Partnerschaften werden also nicht aus Kinderwunsch begonnen. Homosexuelle Beziehungen weisen bestimmte Analogien zu nichtehelichen Lebensgemeinschaften auf. Beide Lebensformen folgen keinem traditionellen Muster und auch die Dauer der Beziehungen ist genauso, wie bei der nichtehelichen Lebensgemeinschaft kürzer als in Ehen (vgl. Nave-Herz 2013, S. 114ff.). „Zusammenfassend kann aus den vorliegenden präsentieren Daten geschlossen werden dass, homosexuelle Paare mehr Ähnlichkeiten mit den Nichtehelichen Lebensgemeinschaften aufweisen als mit den heutigen Ehen." (Nave –Herz 2012, S.117).

5. Fazit

Nachdem wir uns nun ausführlich mit dem Thema „Familie" auseinander gesetzt haben, wird deutlich, wie komplex und umfangreich dieses Thema eigentlich ist. Das Auseinandersetzen mit dem Thema, hat mir gezeigt, dass das Thema weitaus mehr beinhaltet als zunächst gedacht. Vor allem ist es Interessant zu wissen, dass es nach wie vor keine einheitliche Definition zu diesem, von uns doch so oft benutzen Wort gibt. Dem Wort Familie wurde damals wie auch heute, unterschiedliche Definitionen bzw. Bedeutungen zugeschrieben. Wenn man damals von Wohngemeinschaften sprach, als man das Wort Familie benutzte, so benutzen Menschen heutzutage den Begriff Familie selbst für ihre Haustiere. Dies zeigt, dass es selbst heutzutage keine einheitliche Definition des Wortes „Familie" gibt. Des Weiteren haben wir erarbeitet dass, die „Familie", 3 Merkmale aufweist. 1. Die Reproduktions- und Sozialisationsfunktion, 2. Die Generationsdifferenzierung, welches aussagt, dass mehrere Generationen in einem Haushalt leben und als 3. Die Kooperations- und Solidaritätsfunktion, welches die Rolle und die Beziehungen der Familienmitglieder zeigt. Z.B. die Rolle als Mutter, Vater etc. Des Weiteren, hat uns diese Hausarbeit gezeigt dass, es verschieden Familienformen gibt. Meist denken wir nur an die klassische Familienform, Mutter, Vater, Kind. Jedoch gibt es weitaus mehr Familienformen, Patchwork-Familien, Adoptions-Familien, Ein-Eltern-Familien etc. Die Auseinandersetzung mit diesen Familienformen, hat mir gezeigt dass, auch ich viel zu Einseitig gedacht habe, wenn ich mit dem Begriff „Familie" konfrontiert wurde. Widmen wir uns den Funktionen der Familie zu, so gibt es 5 verschiedene Funktionen die der Familie zugesprochen wird. 1. Die Reproduktionsfunktion, 2. Die Sozialisationsfunktion, 3. Die Platzierungsfunktion 4. Die Freizeitfunktion und als letztes und 5. Die Spannungsausgleichfunktion. Erlauben wir uns einen kurzen Rückblick auf die Familienformen, wie z.B. in der Vorindustriellenzeit, so gab es damals Familien mit und ohne Produktionsfunktion, diese unterschieden sich an der Anzahl der Personen im Haushalt, den Rollen, Beziehungen etc. Auch zeigt uns dieser Rückblick dass, Annahmen, wie die, das es damals mehr Generationsfamilien gab als Heute, falsch. Denn aufgrund der damals herrschenden Hungersnöten, Kriege, Krankheiten etc. gab es eine hohe Anzahl von Todesfällen. Was auch zeigt dass, es damals mehr Patchwork-Familien gab als heute. Da man, aufgrund des Verlustes von Ehepartnern, und der damals herrschenden Lebensumstände gezwungen war, neu zu heiraten, um so die Familie etc. versorgen zu können. Dieselben Gründe zeigen auch, dass es in der heutigen Zeit mehr Zwei-Eltern-Familien gibt als in der früheren Zeit. Widmen wir uns nun dem Wandel der Familie, so kann man deutlichen erkennen, dass es erhebliche Veränderungen gab. So kann man einen deutlichen Anstieg von den Alleinerziehenden erkennen, genauso wie einen Anstieg nichtehelicher Lebensgemeinschaften. Weiterhin kann gesehen werden dass, im Laufe der Jahre auch die Geburtenrate und die Ehescheidungen gewandelt haben. Während die Geburtenrate aufgrund mehrerer Faktoren abgenommen hat, haben die Ehescheidungen zugenommen. Und auch die früher für tabu geltenden homosexuellen Partnerschaften, sind nun öffentlich und auch rechtlich anerkannt.

Die Auseinandersetzung mit diesem Thema und das schreiben dieser Hausarbeit, hat mir gezeigt, wie wenig ich eigentlich über das Thema „Familie" eigentlich wusste, und das ich, wie viele andere auch, Vorurteilen und falschen Vermutungen nachging. Z.B hätte ich nicht erwartet dass schon in der Vorindustriellen Zeit Patchwork-Familien bestanden, und diese weitaus mehr verbreitet waren als in heutigen Zeit. Des Weiteren haben mich die Gründe für die damaligen Patchwork-Familien, oder die sehr rare Verbreitung von Generations-Familien, nachdenklich gestimmt. Ich habe mir nie wirklich Gedanken über Kriege, Krankheiten etc. im Zusammenhang mit „Familie" gemacht. Dies hat sich definitiv geändert. Es ist sehr interessant, selber zu entdecken, dass sich die Auseinandersetzung mit einem so einfach scheinenden Thema wie die der „Familie", auf den Gedankengang und die Ansicht eines Menschen ändern kann. Ja die Familie unterlag einem enormen Wandel, und nein, ich denke nicht dass die Veränderungen in diesem Bereich vollendet sind. Und genau dieser Punkt macht es so Spannend sich mit dem Thema weiterhin und intensiver auseinanderzusetzen. Zu Beobachten wie sich der Wandel weiterhin vollziehen wird, wird nach dieser Hausarbeit, ein wesentlicher Punkt in meinem Leben sein.

6. Literaturverzeichnis

Ecarius Jutta, Köbel Nils, Wahl Katrin (2011): Familie, Erziehung und Sozialisation. Lehrbuch. Wiesbaden: VS Verlag für Sozialwissenschaften | Springer Fachmedien GmbH.

Gestrich, Andreas (1999): Geschichte der Familie im 19. Und 20. Jahrhundert. München: R. Oldenburg Verlag.

Hill, Paul B./ Kopp, Johannes (2013): Familiensoziologie. Grundlagen und theoretische Perspektiven. 5. Auflage. Wiesbaden: Springer Fachmedien

Huinink Johannes, Konietzka Dirk (2007): Familiensoziologie. Eine Einführung. Frankfurt am Main: Campus Verlag GmbH.

Maihofer Andrea, Böhnisch Tomke, Wolf Anne (2001): Wandel der Familie. Düsseldorf: Hans-Böckler-Stiftung.

Nave-Herz, Rosemarie (2012): Familie Heute. Wandel der Familienstrukturen und Folgen für die Erziehung. 5. Überarbeitete Auflage. Darmstadt: WGB | Wissenschaftliche Buchgesellschaft.

Nave-Herz, Rosemarie (2013): Ehe- und Familiensoziologie. Eine Einführung in Geschichte, theoretische Ansätze und empirische Befunde. 3. Auflage. Weinheim und Basel: Beltz Juventa.

Nave-Herz, Rosemarie (Hrsg.) (2014): Familiensoziologie. Ein Lehr- und Studienbuch. München: Oldenbourg Wissenschaftsverlag GmbH.

Peuckert, Rüdiger (2008): Familienformen im sozialen Wandel. 7. Vollständige überarbeitete Auflage. Wiesbaden: VS Verlag für Sozialwissenschaften/ GWV Fachverlage GmbH.

Schmidt Uwe, Moritz Marie-Theres (2009): Familiensoziologie. Bielefeld: Transcript Verlag.